ÉLOGE FUNÈBRE
DE LOUIS XVI,

ROI DE FRANCE ET DE NAVARRE,

PRONONCÉ

Par M. l'Abbé SIRET,

Licencié en Théologie, ancien Chanoine régulier, Prieur
de la Congrégation de France, et Vicaire de S. Merry,

DANS L'ÉGLISE ROYALE ET PAROISSIALE
DE SAINT GERMAIN-L'AUXERROIS, LE 23 MAI 1814.

et présenté au Roi.

A PARIS,

Chez MÉQUIGNON l'aîné, père, Libraire de la Faculté
de Médecine, rue de l'Ecole de Médecine.

DE L'IMPRIMERIE DE CRAPELET.
1814.

ÉLOGE FUNÈBRE
DE LOUIS XVI,
ROI DE FRANCE ET DE NAVARRE.

Immolaverunt.... sacerdotes, et asperserunt sanguinem (hircorum) coram altari pro piaculo universi Israëlis.
Lib. II, Paralipomenon, cap. 29°, v. 24°.

Les prêtres immolèrent les victimes, et en répandirent le sang devant l'autel pour l'expiation du péché de tout Israël.
IIe Liv. des Paralipomènes, ch. 29, v. 24.

Achaz avoit cessé de régner, Achaz, fameux par son impiété et par ses crimes. Ennemi de la religion de ses pères, il avoit fait fermer le temple du vrai Dieu; et, dans son aveuglement, il n'avoit pas craint d'élever des autels, de brûler de l'encens et d'offrir des victimes aux idoles. Ezéchias lui succède; Roi vertueux, Roi selon le cœur de Dieu, il marche dans la voie du Seigneur (1); prend la loi divine pour règle, David pour modèle, Isaïe pour conseil (2);

(1) Reg. 13. — (2) Reg. 14.

et tout à la fois ami de son peuple, il ramène tous les Juifs à l'unité de la foi et à la vraie religion. Il veut que des sacrifices expiatoires soient offerts pour tout Israël et son péché; les prêtres immolent les victimes, en répandent le sang devant l'autel; le péché est expié, le peuple sanctifié, le temple et les lévites purifiés; Ezéchias est béni dans sa maison, dans son royaume, et l'Esprit Saint lui décerne le plus glorieux éloge (1).

Vous m'avez prévenu, Messieurs; et dans cette cérémonie funèbre vos cœurs ont déjà recueilli le fruit des vœux qu'ils formoient en secret depuis plus de vingt ans. Nos temples n'étoient pas fermés sans doute; mais nos voix ne pouvoient chanter un hymne consolateur; nos cœurs ne pouvoient, en face d'Israël, prononcer leurs prières pour les grandes et infortunées victimes que l'irréligion dans son audace, que l'impiété dans son fanatisme sanguinaire, que la licence et la révolte la plus éhontée avoient immolées à leur fureur et à leur rage. La religion éplorée et gémissante ne

(1) Eccl. 48.

pouvoit soupirer et prier que dans le silence pour ceux qu'elle vénéroit : elle s'accusoit, elle murmuroit, si j'ose le dire, devant son Dieu ; et muette dans sa ferveur, elle n'en étoit que plus éloquente pour implorer le ciel en faveur de ces illustres proscrits sur la terre.

Un nouvel Ezéchias, digne héritier des vertus d'un David, a paru au milieu de nous. Il vient nous rendre les beaux jours de Jérusalem. Il appelle tous ses peuples dans le temple du Seigneur..... et l'Eglise et ses Pontifes, les Pasteurs et les fidèles en font retentir les voûtes de leur chant d'allégresse : mais son cœur a besoin d'autres consolations. Il demande l'oblation du sacrifice de Jésus-Christ pour le salut de son Frère, du Roi qui l'a précédé, du héros du christianisme qui n'est descendu d'un trône passager que pour s'asseoir sur celui du Dieu dont il a été l'image sur la terre. Il veut associer dans cette oblation MARIE-ANTOINETTE D'AUTRICHE, cette Reine célèbre par ses malheurs et son courage, LOUIS XVII leur fils, et cet Ange de bienfaisance et de piété qui n'existoit que pour l'édification et le bonheur des indigens, de sa famille et de la France.

Grand Roi, votre peuple a entendu votre voix, et ses pasteurs l'ont accueillie avec un tendre et religieux dévouement. Tous les François s'empressent d'unir leurs prières aux vôtres, et de conjurer le Seigneur d'agréer le saint sacrifice pour l'expiation du péché de tout Israël : *Pro piaculo universi Israëlis.*

Mais cette Paroisse et son Pasteur ne devoient-ils pas rivaliser de zèle avec ceux de la Capitale pour exprimer mieux leurs pensées et leurs affections religieuses? C'étoit dans cette enceinte que nos Rois venoient adorer Dieu, déposer leurs grandeurs au pied de la croix et édifier les fidèles. Qui a pu oublier que, dans ce temple, Madame Royale s'est assise pour la première fois à la table sainte, et y a reçu ce pain de force qui l'a soutenue dans les larmes dont elle a si souvent détrempé son breuvage, *cum fletu miscebam* (1)? Pasteur vénérable, chrétiens pieux et fidèles, félicitez-vous devant le Seigneur! ce temple redevient.....

Que dis-je? au milieu des tristes pensées qui se pressent, reportons nos yeux sur ces urnes

_____
(1) Ps. 101.

cinéraires, sur ce sarcophage qui nous rappellent tant de douleurs, mais qui nous commandent tant de vertus à préconiser : et comment y suffire? Je me bornerai donc à vous retracer plus particulièrement les vertus du Roi, de ce Roi que déjà le François a nommé *le second Saint Louis.*

Je sens toute mon impuissance : vos cœurs suppléeront à ma foiblesse, votre indulgence la soutiendra. Point d'autre éloquence que celle du sentiment, et j'y satisferai, je le pense, en vous présentant le Monarque sage et le Héros chrétien dans le très-vertueux, le très-auguste, le très-chrétien Louis-Auguste de Bourbon, Roi de France et de Navarre.

PREMIÈRE PARTIE.

Il n'appartient qu'à la religion de Jésus-Christ de former des vrais sages, parce que ses maximes sont les seules immuables, parce que seule elle réprime et condamne tous les vices, parce que seule elle ne nous apprend que ce qui est vrai, parce qu'enfin seule elle règle nos affections en ne nous faisant aimer que la vertu. Heureux les hommes, heureux les Princes qui, dès leur enfance, ont appris à connoître cette divine religion et ont reçu les premières leçons de la sagesse! Heureux ceux qui, selon l'expression du sage, ont puisé dans son sein avec le lait ses impressions salutaires! En effet, qu'est-ce que la sagesse? Si j'ouvre les livres sacrés, j'apprends que c'est un don de l'Esprit Saint qui nous fait connoître et aimer Dieu et pratiquer sa loi (1). A ce caractère, je reconnois celle qui éclaira Louis; mais si je la considère comme vertu morale, la sagesse est une heureuse et constante harmonie entre les préceptes de l'Eternel, les sentimens de notre cœur et les jugemens de notre esprit. C'est l'assujettissement de notre raison et l'application de notre volonté à connoître et à faire tout ce qui est bon, tout ce qui est beau, tout ce qui est juste; c'est enfin, chez un Prince chrétien, la pratique de ses devoirs envers son Dieu et envers son peuple. Telle est cette sagesse qui forma et rendit célèbres les Moïse, les David, les Salomon, les Ezéchias,

(1) Sap. 15.

les Théodose, les Charlemagne, les S. Louis ; et telle fut éminemment celle de Louis XVI dont nous déplorons religieusement la perte en ce jour.

Je n'aurai pas besoin, Messieurs, de recourir à des raisonnemens subtils ou aux adroits détours d'une éloquence tout humaine pour pallier les défauts ou les foiblesses de l'homme ou du Roi. Je ne dégraderai point le ministère de la vérité pour flatter ou relever la grandeur de mon héros. Si l'Esprit Saint en consacrant l'éloge des pieux Rois d'Israël et de Juda, nous a proposé de grands modèles à imiter, il ne nous a pas laissé ignorer que l'homme, foible par sa nature, a ses erreurs et ses fragilités ; et que la sagesse la plus accomplie n'est point exempte de quelques taches. La malignité seule peut les exagérer ; mais ici la vérité n'aura point à rougir de mes éloges, parce que la critique la plus sévère ne pourra, par les foiblesses de l'homme, atténuer les pensées et les actions de notre sage.

Né sur les marches du Thrône, d'un père et d'une mère, modèles l'un et l'autre de piété et de religion, Louis ne reçut dans son enfance que les exemples de toutes les vertus. Sa première éducation en jetta dans son cœur les germes les plus féconds; ses sages et dignes instituteurs n'eurent d'autres soins que de les développer. Semblable à une terre préparée par un habile agriculteur, fécondée par un soleil bienfaisant et fertilisée par les rosées du ciel, Louis se formoit aux grandes destinées qui lui étoient réservées : mais, le dirois-je ? son ame n'étoit point dirigée vers ces principes de gloire qui forment les héros selon le monde; et la religion de ses gouverneurs ne le façonnoit point aux institutions de la politique des Etats. Ils pensoient sans doute devoir abandonner ce soin à un père profondément instruit de cette science; et Louis, constamment appliqué aux études de l'adolescence, se disposoit à recueillir ces instructions qui devoient faire de lui un Prince selon le cœur de Dieu.

Mais Dieu, dont les jugemens sont impénétrables, Dieu appelle à lui le père de Louis; et cette mort ravit à la Cour son plus digne ornement, à ses enfans le plus ferme appui et la plus vive lumière, et aux François un Roi qui croissoit sous leurs yeux en âge et en sagesse, et ne laisse à tous que des regrets à exprimer, que des larmes à répandre. Madame la Dauphine le suit de près, et cette perte renouvelle comme elle double toutes les douleurs.

Ici, Messieurs, suivez avec moi le jeune Louis, et admirez cette sagesse prématurée qui l'éclaire. Il a déjà senti le poids du fardeau qui le menace; il sait que la Couronne de France devient son héritage; il éloigne de lui, ou plutôt, il n'est point ébloui par son éclat, ni aveuglé par l'ambition. La piété filiale anime son cœur; il ne voit que le danger de la gloire qui l'attend; et touché de ce double sentiment, il l'exprime avec cette aimable ingénuité que son âge commande et que son cœur ressent.

Aussitôt qu'il entend les officiers du Roi prononcer pour la première fois ces mots : *voilà Monseigneur le Dauphin*, des larmes coulent de ses yeux, son cœur est déchiré, il se couvre le visage et attendrit tous les témoins de ce spectacle.

Il arrive ce temps où il doit entrer dans la carrière de l'homme et du Prince, et Louis XV.

lui destine une épouse. Nouvel Isaac, il attend avec respect que son aïeul envoie un autre Eliézer la demander à une illustre Maison qui déjà avoit donné plusieurs Reines à la France, à cette maison de Lorraine qui, par ses alliances avec tout ce que l'Europe a de plus grand, promettoit à ce jeune Prince l'hymen le plus heureux, et à la France, la paix la plus constante. Marie-Antoinette-Jeanne Joseph, Archiduchesse d'Autriche, reçoit la main de Louis, et Louis rend grâces au Ciel, en implore les bénédictions, en recevant celle de son auguste Aïeul.

Vous parlerois-je, ou plutôt retracerois-je à vos yeux l'horrible tableau du malheur qui affligea cette capitale, et qui fit couler tant de larmes en un jour consacré à tant de joie; jour terrible, et sinistre avant-coureur de jours plus tristes encore ! Non, Messieurs, non : réservons nos pleurs, ou préparons-nous à en verser de plus amers; et voyons la bienfaisante sagesse qui remplit de charité le cœur de Louis. A peine a-t-il appris le nombre des victimes, qu'il se refuse à tout autre plaisir qu'à celui de soulager le malheur.

« Je n'ai, écrit-il au Magistrat suprême de
» la police, je n'ai à ma disposition que ce que
» me donne le trésor royal pour mes jouis-
» sances personnelles. Je viens de recevoir ce
» qui m'est accordé chaque mois : je vous l'en-
» voie, et venez, je vous prie, aux secours des
» plus malheureux ». Et les épargnes de plusieurs mois furent ainsi consacrées à cette œuvre de la charité.

Non moins éclairé dans sa sagesse, combien de fois, avec quel zèle s'occupoit-il du soin de visiter les malheureux, de leur porter des paroles de consolation, de les nourrir dans leur faim, de les rafraîchir dans leur soif, de les vêtir dans leur nudité. Sans ostentation comme sans vanité, il se déroboit à la Cour, il se déroboit à lui-même. Recevoit-il quelques reproches sur ses absences ? il répondoit avec cette bonté que la sagesse et l'humilité inspirent : *Ne pourrois-je donc point, quand il me plaît, aller en bonnes fortunes ?*

Mais à mesure que ses devoirs augmentent, que le nœud qu'il a contracté lui impose de plus grandes obligations ; que de sagesse il développe ? quelle pureté de principes il exprime dans sa conduite? Qui a pu oublier les soins, l'énergie qu'il employa avec tant de succès, pour préserver Madame la Dauphine, son auguste compagne, de l'air contagieux et corrompu qu'elle auroit pu aspirer dans une Cour, qui alors ne lui offroit que le spectacle du scandale et de la licence?

Cette sagesse, qu'il a prise pour son guide, ne l'abandonnera point dans les occasions les plus délicates. Si le séjour de la Cour est pénible pour les grands que leurs titres y appellent, il l'est plus encore pour l'héritier présomptif de la couronne; il est au faîte de la grandeur, et la modestie doit être son élément. Ses paroles, son maintien, ses gestes, ses regards, il le sait, tout est observé, jugé, remarqué par les courtisans qui l'environnent. Les courtisans!.... Leurs discours ne sont que fallacieux; leurs démarches, des pièges; leurs jugemens, leurs hommages mêmes ne sont que d'adroits mensonges, ou des perfidies préparées. La sagesse lui sert de bouclier: ici le silence sera sa sauve-garde contre les flatteurs; la simplicité de ses goûts, la modération dans le tumulte d'une Cour agitée, la retraite et l'étude, l'assiduité près de sa jeune épouse, la sévérité de ses mœurs, quelquefois la gravité de ses réponses, voilà ses armes. Il déconcerte victorieusement ceux qui voudroient, ou l'observer avec finesse, ou le tromper par l'adulation, ou l'attirer à eux sous les dehors de la vérité. Toujours en garde contre les passions, il est, dès son printemps, ce qu'il fut le reste de sa vie : inaccessible à toutes leurs convoitises, il en réprimoit toutes les saillies. Ce qui ne portoit point à ses yeux l'empreinte de la sagesse, ce qui pouvoit blesser les mœurs étoit rejetté, repoussé, méprisé. L'arme même de la raillerie, si terrible pour un François, pour un Prince, n'avoit aucune prise sur lui. Elle s'émoussoit, elle mollissoit devant lui; et le calme de son âme, et la bonté de son cœur, faisoient souvent rougir celui qui avoit voulu s'en servir.

Appliqué à l'étude qui forme le Prince et le politique, celle de l'histoire, je veux dire, il y devint profondément instruit : celle des époques, la connoissance des lieux et des sites lui étoient familière. Il trouvoit dans le commerce des muses, dans l'étude des langues anciennes et modernes, d'heureux délassemens; et, laborieux jusque dans ses plaisirs, il satisfaisoit son amour pour les arts.

Sagesse divine, vous le formiez ainsi par une lumière céleste à toutes les vertus! Vous répandiez sur lui cette abondance de vrais biens qui marchent toujours à sa suite (1). De concert ce semble, avec la charité, vous le prépariez à développer ces hautes connoissances qui sont vos bienfaits, et qu'il manifesta sur le thrône et dans les conseils.

Louis XV meurt, et déjà Louis XVI est *Louis-le-Désiré*.

« O mon Dieu! dit-il (2), comme un autre
» Salomon, envoyez-moi du séjour de votre
» grandeur, cette sagesse qui siége dans vos
» conseils éternels; qu'elle éclaire mes pensées,
» qu'elle dirige mes démarches, qu'elle soit ma
» compagne fidèle, qu'elle veille sur moi,
» qu'elle dicte mes jugemens, m'enseigne ce
» qui est digne de vous et ce qui doit vous
» plaire ». Il a prié : il prend les rênes de son royaume; et cette sagesse qui est en lui l'application constante à ses devoirs et à ses sen-

(1) Sap. 7°. — (2) Sap. 9°.

timens, ne lui inspire que l'amour du peuple que la Providence lui confie, que lui lèguent ses ancêtres, et que lui assurent les lois fondamentales de l'état. Le dirois-je? le bonheur de son peuple sera le seul but de ses travaux, le seul mobile de ses affections. Seigneur! en affermissant tant de sagesse dans l'âme de Louis, que n'appelliez-vous donc dans ses conseils, des hommes dont les pensées devoient coopérer à ces nobles et à ces généreux sentimens! Mais que dis-je? oserois-je accuser la Providence? Impénétrable dans ses décrets, elle veut apprendre aux hommes, aux grands, aux Rois, que le bonheur n'est pas au comble des grandeurs ; que l'homme, quelqu'élevé qu'il soit par sa dignité, quelque pur que soit son cœur, a toujours des peines à souffrir, des ennemis à redouter, des illusions à combattre, et des épines nombreuses à éviter. Louis ne l'ignoroit pas.

Depuis plus d'un demi-siècle, l'incrédulité qui, sous le nom de philosophie, minoit sourdement le thrône et l'autel pour détruire plus aisément l'un et l'autre; l'incrédulité, fortifiée par les scandales qu'elle avoit fait naître, par les passions qu'elle propageoit, par la licence qu'elle enhardissoit, tenoit publiquement une école de révolte. Le temple des loix, le sanctuaire de la Justice avoient été naguère dépouillés de leurs antiques ornemens. La Religion voyoit et ses dogmes attaqués, et ses rites dédaignés; ses cloîtres peu à peu se fermer et bientôt déserts, sous le spécieux prétexte de s'opposer à ce qu'une génération entière s'y ensevelisse toute vivante : une exaltation universelle des esprits imbus de cette prétendue philosophie, qui ne prêchoit que l'indépendance, plus fanatique dans son zèle pour la liberté, que la liberté même; intolérante dans son système destructeur de tout bien, en prêchant la tolérance : la corruption des mœurs, l'avilissement de la vertu, les scandales que les grands donnoient au peuple qui en reproduisoit les crimes sans frein et sans pudeur; les finances publiques dilapidées ou livrées à des vampires et englouties dans la débauche, la vraie sagesse, pour ainsi dire, exilée : telle étoit alors cette France lorsque Louis est appelé à la gouverner; et cependant, au milieu de tant de fermens de vices, de révolutions et de malheurs, cette France étoit toujours l'asile de toutes les sciences et de tous les génies, le boulevard de la religion, et donnoit à l'Europe le spectacle de toutes les vertus.

Louis s'applique à en réunir les élémens. Il aime son peuple et cet amour est le phare qui l'éclaire. Peuple François! vous n'aurez point à payer ce droit de *joyeux avènement*, ce tribut qui pourroit affoiblir votre joie et votre amour : Louis vous le remet ; il ne veut que l'élan libre de vos cœurs. Il n'a pas encore reçu l'huile sainte, et déjà il a interrogé, connu, prévenu même vos désirs. Vos magistrats éloignés, et qui s'étoient engagés dans une lutte peut-être trop opiniâtre avec le Prince, vos magistrats vous sont rendus. Les conseils du thrône, qui autrefois en avoient été les colonnes, sont appelés par Louis pour apporter les fruits de leur expérience. Mais qui le croira? dans ses conseils, la voix, le jugement du Roi, toujours les plus sages, sont toujours contrebalancés par les opinions modernes qui commençoient à dominer. Ses coopérateurs dans l'ordre politique ont sondé son cœur, et ce cœur ouvert à la bonté, leur a découvert qu'il n'a qu'une pensée, qu'un sentiment; qu'il ne voit qu'un devoir à remplir, celui d'un père envers ses enfans, celui d'aimer son peuple. Ils ont triomphé, ils triomphent de Louis à l'aide de ce sentiment. Sa sagesse, ô mon Dieu! sera-t-elle déçue dans son espoir? ne trouvera-t-il que des amertumes là où il devroit ne recueillir que les fruits les plus doux?

Ici des Méchans fatiguent son peuple par la crainte d'une famine factice : là des Incrédules chantent les cantiques de l'impiété, menacent le lieu saint et outragent la Divinité. Ici des Calomniateurs aiguisent contre lui et contre son illustre Compagne les traits les plus acérés. Il ne répond que par de nouveaux efforts, et sa bonté n'est pas moins touchante. Là, des Economistes veulent l'engager dans des théories funestes. Ici, des Réformateurs séduits par des projets spécieux, veulent diminuer la grandeur et l'éclat de sa Maison, et réduire le nombre de ses braves Chevaliers et de ses généreux défenseurs. Louis observe, Louis combat contre Louis; son cœur est agité. *Tout ce qui m'est personnel*, dit-il, *n'est rien pour moi :* il prononce le douloureux arrêt qu'on exige, et c'est l'amour pour son peuple qui l'a déterminé.

Le suivrois-je avec vous, Messieurs, dans cette guerre qu'il soutint contre l'Angleterre, guerre qu'il vouloit éloigner et éviter en ne favorisant point les demandes exagérées des colonies angloises contre la mère-patrie ? Mais toutes les passions, l'intérêt, l'amour de la gloire, l'ennui du repos, l'esprit inquiet et remuant des guerriers, tout l'emporte sur la sagesse du Roi.

Vous le montrerois-je bientôt après enivré de joie, lorsque la naissance de Madame Royale, en 1778, semble lui présager la naissance non moins heureuse d'un fils en 1781, suivi d'un second en 1785? Années remarquables, vous fûtes pour la Cour, pour les François, des années de bonheur et de gloire! Nos armées navales triomphantes, la naissance d'un ange consolateur, celle de deux Princes appuis de la couronne, la paix promulguée, notre supériorité dans l'Inde conservée, la liberté des mers maintenue ; que de motifs, que de gage de notre félicité ! Que ces délices, hélas ! ont été suivies de regrets et détrempées par les larmes !

Des larmes! Fille auguste, vous en avez versé par torrens : les François y ont mêlé les leurs, et la sagesse de votre illustre Père et Roi n'a pu les prévenir. Dieu ne l'avoit-il donc pourvu de tant de vertus que pour les épurer par les afflictions, et ne les récompenser que dans le Ciel? Mais avançons.

Les élémens divers de la société se confondent : toutes les ambitions s'agitent. La sagesse du Roi est circonvenue de toutes parts. Ici les courtisans forment des partis ou tracent des plans. Là les partisans de l'incrédulité essaient et aiguisent leurs armes contre la Religion. Les premiers veulent conserver, défendre leurs priviléges : les seconds, détruire les antiques libertés des ministres des autels, et les livrer eux-mêmes à l'avilissement : au milieu de ces germes de trouble, Genève vient donner à la France l'homme qui devoit en ébranler les fondemens. Artisan de sa fortune, populaire dans ses maximes, séduisant par ses projets de réforme des abus, ennemi secret du clergé, de la noblesse et des parlemens, flattant le Roi dans l'amour qu'il a pour son peuple, il l'obsède, le persuade et le convainc.

Ce que n'avoit pu arrêter l'Assemblée des Notables est enfin déterminé ; et le Roi, cet homme de bien, confiant dans cette sagesse qu'il a invoquée, a signé le malheur de la France en voulant signer son bonheur.

Ah ! Messieurs, gardons-nous de l'accuser. Il n'est qu'un Dieu, dont les loix soient éternelles, et les institutions à l'abri de l'instabilité des révolutions (1). Porter la couronne, est le comble de la grandeur humaine ; mais la porter dignement dans une Cour, dans un siècle agités de tant de passions et triompher de toutes, c'est le comble de la perfection de la vertu ; et cette perfection est-elle donc l'apanage de l'homme? Sa vue, dit M. Bossuet (2), est toujours bornée et courte par quelque endroit, et Dieu l'a ainsi voulu pour l'humilier et le rappeler aux pieds de la Divinité qu'il auroit pu méconnoître ou oublier. Plaignons Louis d'être né dans un siècle aussi dépravé. Sa sagesse, dans un âge meilleur, nous eût fait recueillir les fruits abondans de la gloire et de la paix, et jouir du calme et du bonheur dont son cœur étoit pour nous si avide et si affamé.

(1) Jac. 1. — (2) Disc. sur l'Hist. univ.

Que ce sacrifice offert en ce jour soit expiatoire et pour lui auprès de Dieu, et pour nous plus encore. La Religion seule peut nous consoler dans nos pleurs; c'est nous, ô mon Dieu! qui avons provoqué votre colère (1). C'est nous qui avons mérité nos malheurs. Mais en nous punissant, deviez-vous frapper ceux dont les cœurs étoient les sanctuaires de votre sagesse et les images de votre bonté? Pardonnez-nous (2), ô mon Dieu! que nos regrets sincères, unis au sang de votre Fils, sollicitent plus vivement votre miséricorde en faveur de ces grandes victimes; en couronnant leurs mérites vous couronnerez vos dons.

Mais il ne me suffit pas, Messieurs, de vous avoir montré dans Louis le sage Monarque; admirons de plus en lui le Héros chrétien.

SECONDE PARTIE.

Il n'est point d'héroïsme, il n'est point de grandeur, je dirai plus, il n'est point dans l'homme de véritable vertu, si elle n'est liée nécessairement à Dieu dont elle tire son origine et son éclat; et c'est ce rapport qui fait

(1) Job 5. — (2) Joël 2.

toute la gloire de l'homme. S'il s'éloigne, s'il se sépare de la Divinité, je puis retrouver en lui quelques traits épars çà et là de son image; mais je n'y reconnois plus la vive empreinte qu'elle y a gravée. S'il s'unit à elle, s'il se consacre à elle, déjà grand par la sagesse et les lumières qu'il en a reçu, sa force, sa grandeur, ses vertus, tout en lui est héroïque, parce que tout en lui vient de Dieu et le rapproche de Dieu.

Grandeur et héroïsme du chrétien, tels sont, Messieurs, les caractères de la force de Louis, caractères qui le rendent immortel. O mon Dieu! de vous seul il tenoit ces dons et ces grâces, à vous seul il les rapportoit! C'est pour son peuple, c'est pour nous qu'il en a fait le plus glorieux usage. Ces dons, ces bienfaits devoient exciter la fureur des méchans. Ainsi, Seigneur, vous l'avez permis dans tous les temps, pour faire mieux triompher la patience et la vertu. Que tant de malheurs que nous avons éprouvés, que tant de larmes que nous avons répandues, soient, dans ce jour, unis au sacrifice propitiatoire de votre Fils, et qu'ils accélèrent le salut de ces grandes victimes de toutes les passions. Alors, Dieu des miséricordes, nous bénirons ces malheurs et ces larmes, puisque nous aurons trouvé dans ces larmes et ces regrets les plus riches consolations.

Je néglige ici, vous le voyez, Messieurs, l'ordre que semble me prescrire l'éloquence humaine. J'embrasse mon sujet dans toute son étendue; je me livre au seul sentiment qui m'anime; je rejette toutes les ressources de l'art pour parler mieux à vos cœurs. Je n'adopte que ce simple abandon digne et du héros que nous pleurons et des François qui m'entendent. Comment, en effet, vous développer toutes les situations dans lesquelles Louis XVI s'éleva à l'héroïsme de la force et de la vertu du chrétien? Il est dans sa vie, des jours, des heures qui suffiroient seules à remplir l'étroite limite d'un discours.

Si je n'ai pu vous tracer qu'une timide esquisse des preuves de sa sagesse, si j'ai passé sous silence tant de monumens qu'il nous en a laissés pendant une période de vingt ans, soit par la suppression de la corvée, soit par celle de la torture, soit dans les divers traités de paix qu'il a conclus, soit enfin dans ses lois bienfaisantes, ses règlemens charitables, comment pourrois-je vous rappeler les preuves innombrables de sa force et de sa grandeur comme chrétien?

La Religion, qui l'avoit éclairé de ses lumières, lui avoit inspiré l'amour le plus tendre et la pratique la plus fidèle des ordonnances de son Dieu. De là cette assiduité à la prière, qui fut long-temps la source dans laquelle il puisa cette force qui le soutint dans ses épreuves. De là cette charité qu'il exerça d'une manière si royale et si généreuse. Pasteurs de cette capitale, redites à vos troupeaux comment, appelés et rassemblés dans son palais à Versailles, vous l'entendiez avec tant d'émotion vous demander à tous le nombre des pauvres de vos paroisses, vous interroger sur leurs besoins, vous promettre, vous assurer avec bonté des secours pour les soulager. De là cette piété affectueuse avec laquelle, prosterné aux pieds des saints autels, il donnoit le beau spectacle du plus grand Roi de la terre, solliciter les grâces et la force du Roi des Rois. De là cette résistance courageuse à tout ce qui pouvoit blesser les mœurs, autoriser des scandales, profaner ou violer la sanctification des solennités, ou outrager les saints mystères. De là cette paix intérieure qu'il goûtoit au milieu des plus grandes agitations d'une Cour que l'ambition, l'intérêt, l'orgueil, le crime, séduisoient, entraînoient, corrompoient. De là cette résignation magnanime aux volontés du Ciel, lorsque toutes les disgrâces l'accabloient ; lorsque, nouveau David, dans un de ses proches, il voyoit un Achitopel l'abandonner (1) et passer dans les rangs de ceux que l'ingratitude avoit rendus ses plus implacables ennemis ; lorsque dans les grands qu'il avoit comblés de bienfaits, il comptoit des ambitieux qui attentoient à sa couronne ou à ses jours ; lorsque dans le peuple d'une ville auquel il s'étoit confié, il entendoit les cris de fureur, de sédition et de rage contre sa personne sacrée, contre son illustre Compagne et les objets de leurs affections les plus tendres.

Et vous, Marie-Antoinette, quel retour magnanime de force ne lui inspiriez-vous pas encore par un heureux échange comme épouse,

(1) II, Reg.

comme mère, comme chrétienne ! Versailles, Paris, la France entière, n'oublieront jamais ces jours, où, digne héritière de la force de Marie-Thérèse, vous portiez dans vos bras, vous présentiez à un peuple égaré Monseigneur le Dauphin, votre second fils, qui ne fut que martyr, sous le nom de Louis XVII, le Dauphin, ce gage de nos espérances ?

Est-il, Messieurs, est-il force plus inébranlable, plus active au milieu de tout ce que la royauté, la nature, la religion pouvoient éprouver de plus humiliant, de plus pénible, de plus accablant ?

La force, dit S. Thomas (1), est une vertu qui affermit l'âme et la rend supérieure à l'humanité dans les occasions difficiles, et dans les dangers imminens. Elle préserve tout à la fois de la crainte pusillanime et de l'audace présomptueuse. Elle consiste à agir avec maturité et à souffrir avec patience. A ces traits, Messieurs, vous avez déjà reconnu celle de Louis, cette force, que le christianisme seul peut donner, soutenir et perfectionner, cette force enfin qui fait les héros.

(1) 2ª 2ᵉ Quæst. 123.

Je ne vous en rappelerai pas toutes les preuves ; l'histoire les a recueillies, et vous n'en avez point perdu le souvenir. Mais puis-je taire ici cette force qu'il déploya, lorsqu'au commencement de nos orages politiques, lorsque dans sa capitale, déjà teinte du sang des François, il consent à échanger l'antique couleur de nos Rois, l'éclatante blancheur de sa bannière contre les nouvelles couleurs dans lesquelles on associoit, ou on vouloit associer l'emblême de divers pouvoirs, qui altéroient, dégradoient le seul, l'unique pouvoir du monarque ? Fort de sa conscience, fort de son amour pour son peuple, fort par le désir du bien, croyoit-t-il, hélas ! tripler sa puissance ? Non ; il ne pensoit qu'à former un seul faisceau de tous les cœurs, pour les rendre tous François, tous invincibles.

Quelle force encore dans ce jour où Sa Majesté Royale, presque avilie par des factieux qu'elle pouvoit réprimer ou punir, ne veut voir que des esprits égarés et non des cœurs coupables ! Trop généreux, il se refuse à les accuser et à les condamner. Plus généreux peut-être..... Qu'osé-je dire, Messieurs ? du fond de son tombeau, cette grande âme, qui tant de fois pardonna à ses ennemis, qui refusa si souvent le bras de ses braves chevaliers lorsqu'ils vouloient le défendre à Versailles, en octobre ; à Paris, les 20 juin et 10 août ; au Temple, dans les fers, et même au milieu de ses plus implacables persécuteurs ; du fond de son tombeau cette grande âme condamne mon zèle et me renvoie à la charité qui l'animoit de son esprit et qui l'enflammoit de ses ardeurs.

Mais du moins, grand Roi ! je pourrai rappeler cette force sublime et paternelle que vous avez manifestée, cette force qui excita l'admiration même des factieux et des cœurs les plus endurcis.

Déjà éprouvé par les malheurs de la capitale et par cette douleur que lui renouvelloit à chaque instant ce qu'on appeloit l'insurrection d'un peuple égaré par des hommes vils, stipendiés par d'autres plus vils encore, Louis est froissé dans ses plus tendres affections (1). Monseigneur le Dauphin est frappé de mort. Il croissoit sous ses yeux ; il l'élevoit avec une

(1) En 1789.

tendresse qu'il disputoit à Marie-Antoinette son auguste mère. Son cœur est déchiré; des larmes lui échappent..... Qui le croiroit? on entendit des barbares lui reprocher ces larmes, cette foiblesse! Malheureux! que je vous plains! vous n'avez jamais connu le cœur d'un père. Pour être chétien et Roi, un père n'a-t-il donc plus d'entrailles? Jésus-Christ pleura sur Lazare (1), et Lazare n'étoit que son ami. Jésus-Christ s'attendrit sur la veuve de Naïm (2).... et Louis, sa vive image sur la terre, Louis, père tendre, ne pourroit, sans être foible, ressentir les plus vives émotions! Il les confie à son peuple, il sollicite quelque retour! Ah! que de douceurs perdent ces froids, ces durs égoïstes! ils ne connoîtront jamais celles de la tendresse et de la nature. Louis n'a rien perdu de sa force; elle est, pour ainsi dire, retrempée, et le reste de sa vie le prouvera aux âges futurs. La force du héros chrétien, dit l'Apôtre, se multiplie, se perfectionne au sein des souffrances (3).

Les factieux ont agité la France : à la voix d'un de ces agitateurs, les guerriers ont dégé-

(1) I, Joan. 11. — (2) II, Luc. 7. — (3) II^a Cor. 12.

néré de leur fidélité ; ils ont altéré, changé leur bannière et brisé les liens de la discipline. Partout des scènes de fureur, de dévastation, de brigandage se reproduisent contre les appuis du trône et contre leurs propriétés. De toutes parts on crie aux armes; de faux décrets circulent et se propagent. Qui arrêtera ce torrent destructeur? Le pouvoir de Louis est comprimé, enchaîné; mais sa force ne sera point ébranlée : il s'adresse aux députés alors rassemblés dans sa Capitale ; il gémit auprès d'eux de tant d'attentats ; il prononce là ces mémorables paroles, ces maximes déjà du domaine de l'histoire et de la religion: « Dites à » mon peuple, à ce peuple qui m'est si cher, » à ce peuple dont on m'assure que je suis » aimé quand on veut me consoler de mes » peines; dites-lui, que, s'il savoit à quel » point je suis malheureux à la nouvelle d'un » seul attentat contre les personnes et les pro- » priétés, il m'épargneroit cette douloureuse » amertume. »

Sa voix s'est fait entendre : la force de ses sentimens prévaut quelque temps... mais bientôt de nouveaux forfaits se succèdent, les malheurs s'aggravent.... on lui conseille de fuir.... ce conseil répugne d'abord au courage de celui qui combat à son poste pour la défense de son peuple, de sa famille, de sa couronne. *Je vois, dit-il, le signal d'une guerre civile : mille fois périr,* ajoute-t-il, *plutôt que d'exposer des milliers d'innocens.* Cependant il est persuadé, et, sans rien perdre de sa force, il suit les conseils de la sagesse ; il va défendre sur les frontières de son royaume un royaume qu'il ne peut plus défendre dans sa Capitale. Il est retenu à Varennes ; il voit les armes prêtes à être ensanglantées ; son cœur est ému de ce spectacle ; il sera plus fort en se soumettant à dévorer les humiliations de son retour, au silence morne de son peuple, à la joie contrainte et concentrée de ses ennemis, et aux ennuis comme à l'opprobre d'une prison trop peu déguisée dans son palais.

Que de force encore ne déploya-t-il pas lorsqu'il fallut défendre la religion de ses pères, l'unité de l'Eglise, la légitimité de la mission de ses Pasteurs ? L'histoire en a conservé, consacré le souvenir, comme le burin nous a retracé, deux ans plus tard, les traits étonnans du courage, de la force de l'homme de bien assailli dans l'intérieur de ses appartemens par tout ce que la France avoit vomi de furieux et de sanguinaires dans la Capitale. A la vue même de l'airain si formidable dans les camps et dans les batailles, airain transporté dans son cabinet, il est revêtu de la force qui fait le héros. On lui demande s'il tremble.... S'il tremble! Lâches séditieux qui l'interrogez, vous êtes étrangers à la grandeur d'âme; le Magnanime ne tremble point. Il prend la main d'un de ses gardes, il l'applique sur son cœur... *Sens ce cœur*, lui dit-il, *et dis à cet homme s'il bat plus vite qu'à l'ordinaire* (a).

Non, non, son cœur généreux étoit soutenu par une conscience irréprochable; il étoit fort de sa vertu, et il s'élevoit ainsi à tout ce que l'humanité a de plus grand, à tout ce que la charité a de plus sublime, à tout ce que la religion a de plus héroïque.

O mon Dieu! n'avez-vous donc armé Louis de tant de force que pour donner en lui un grand exemple à tous les Rois de la terre? Ne l'avez-vous choisi que parce que vous l'aviez

(a) *Voyez* la note à la fin de cet Eloge.

prédestiné à la gloire (1)? Ne l'aviez-vous revêtu du double manteau de la justice, *diploïde justitiæ* (2), la sagesse et la force, je veux dire, que pour le sanctifier? ou bien tout étoit-il dans vos décrets miséricorde pour Louis et châtiment de l'aveuglement de son peuple?

Ah! s'il en est ainsi, Seigneur, donnez à ce peuple des torrens de larmes, et accumulez sur Louis couronnes sur couronnes; et nous bénirons le Dieu qui veut tout à la fois sauver les oppresseurs, consoler et récompenser les victimes.

Il étoit arrivé ce moment où toutes les fureurs alloient frapper le Roi : le jour étoit marqué. Il est assailli dans son palais : l'airain tonne et se fait entendre. Il cède à l'orage, il se réfugie au sein de l'assemblée; et là ses ennemis ne sont ni retenus par le respect, ni étonnés de son courage, ni désarmés par la généreuse confiance qu'il leur témoigne. Ennemis implacables, votre joie sanguinaire se déploie! vous vous apprêtez à boire à longs traits, vous buvez d'avance le sang de Louis dans la coupe de la haine et de l'iniquité.

(1) Rom. 8. — (2) Baruch. 5.

Hommes de sang, vous dit le prophète, Dieu a compté vos jours (1); vous ne parcourrez pas la moitié de votre carrière, *viri sanguinum*. Il ne vous suffit pas de commettre le plus horrible parricide; vous voulez encore que le glaive frappe les plus généreux de ses guerriers; vous voulez que le sang le plus pur des siens coule sous ses yeux..... vous réduisez en art et par un rafinement de barbarie les plus odieux attentats. A force de sang vous vouliez accoutumer au sang le peuple le plus doux, le plus civilisé.... vous vouliez accabler Louis et sa famille, et désoler leur patience. Louis est inébranlable.... il a invoqué le Tout-Puissant. Il s'est armé de cette force qui ne lui permet plus de craindre ni la flèche acérée pendant le jour (2), ni le glaive aiguisé dans les ténèbres de la nuit, ni les fureurs que le démon du Midi exhale et vomit contre lui, *ab incursu et dæmonio Meridiano*. Ingrats, abreuvez-le d'amertume; inventez contre lui ce que la calomnie a de plus perfide, chargez-le d'opprobre, prononcez contre lui vos arrêts, sinistres précurseurs de celui de sa mort, Louis est ce juste que rien

_____
(1) Ps. 54, 27. — (2) Ps. 90.

ne peut ébranler; Louis est ce héros que les clameurs, que la rage de ses ennemis, que la tempête la plus impétueuse ne sauroient abattre.

La prison même la plus odieuse, les fers les plus pesans peuvent bien attrister son âme; l'innocent, le juste ne sont pas à l'abri des douleurs de l'humanité; Jésus-Christ a voulu les ressentir. Héros chrétien, Louis les souffre et les endure, il en fait hommage au Seigneur, bien différent du stoïcien orgueilleux qui les brave et feint de les mépriser. Louis, entré dans le Temple, ne voit dans cette tour que ce qui caractérise le cachot qui lui est réservé: il se fortifie contre ses horreurs par la pensée du repos que goûtera son âme; il n'attend plus des hommes le bonheur; il n'espère de secours que des montagnes du Seigneur (1). Il n'est point ému de la perspective de cette mort lente et sombre à laquelle il est voué. Il se dit comme l'apôtre, je meurs chaque jour (2), *quotidie morior*. Il est chrétien, et la religion lui a déjà révélé ce qu'elle a de plus touchant. O mon Roi! ô Louis! dans vos fers vous êtes plus

(1) Ps. 120. — (2) I, Cor. 15.

grand à ses yeux que vous ne le fûtes peut-être dans les plus beaux jours de votre règne. Vous vous assurez l'entrée du royaume du Roi des Rois. Votre diadème d'or et resplendissant d'azur est une couronne d'épines ; mais qu'elle sied bien au chrétien résigné, au héros patient!

Quelle consolation pour lui, en effet, de n'avoir rien à regretter, et de n'avoir rien à changer dans ses pensées et dans sa vie pour en faire celle d'un disciple de la croix qui aime, adore et veut imiter son Dieu ? Il trouve dans cette pénible solitude les eaux amères de Moïse (1); mais dont l'amertume est tempérée par le bois sacré du salut. Il voit d'un œil serein, dans toutes les privations qu'il éprouve, autant de sacrifices à offrir sans interruption à l'Eternel : trop heureux d'accomplir une satisfaction qui, n'étant point de son choix, n'en étoit que plus efficace et plus méritoire.

Aussi toutes les vertus lui deviennent familières : Père tendre, il dirige l'éducation de son Fils, il le forme à l'étude, il l'instruit à l'école de l'adversité, il lui inspire le courage pour la supporter avec constance; il lui ap-

(1) Exod. 15.

prend l'instabilité des grandeurs humaines, et, comme il le disoit, *le malheur d'être Roi*. Epoux compâtissant, il rassure son auguste Compagne, transmet la sérénité de son âme dans celle de cette digne fille des Césars, et la prépare au plus douloureux sacrifice. Vous n'êtes point oubliée dans son cœur paternel, Madame, vous dont la sensibilité lui étoit si connue et si chère; vous dont il pressentoit les longs malheurs; vous, pour laquelle il invoquoit les consolations divines comme une récompense de votre piété filiale, consolations que vous recevriez vous-même et que vous répandriez un jour sur notre France. Que de douceurs ne goûtoit-il pas auprès de cet autre Ange de pureté que le ciel avoit placé sur la terre? Madame Elizabeth étoit pour lui la divine amitié qui consoloit un frère, un Roi voué à tant de douleurs.

Le dirois-je enfin, la vertu seule étoit dans les fers; et qui le croiroit, ce spectacle qui eût désarmé des sauvages ne faisoit que ranimer la fureur de ses ennemis? Tels on avoit vu les persécuteurs du nom chrétien redoubler de rage contre les Martyrs.

Quoi! S. Louis, votre aïeul, dicta dans ses liens des lois au fier et victorieux Soudan d'Egypte; lui inspira par sa force, lui commanda par ses vertus la plus vive admiration! et, dans votre Capitale, des François seront-ils plus farouches que les féroces Musulmans? Oui, Messieurs, le crime rougit et frémit du spectacle de la vertu; il s'en irrite et ne craint plus d'accumuler les attentats; il épuise ce que la cruauté a de plus barbare. Louis est tout-à-coup séparé de son Fils, de Madame, de la Reine et de Madame Elisabeth. Il est privé de tout ce qui peut lui donner quelques consolations. Jour affreux, jour terrible, qui n'annonçoit que trop un jour plus affreux encore! Sa grande âme se retrempe dans la religion: plein de foi, il se plonge d'avance dans l'éternité. Si sa conversation est déjà dans le ciel (1), il défendra ses jours en héros, en sage: il en a fait à son Dieu le sacrifice. Généreux François, antiques familles, et habitans de cette capitale, retracez-nous ici votre juste douleur, et que nos larmes soient encore en ce jour le tribut de notre amour et de nos hommages.

(1) Philipp. 3.

Malesherbes, Tronchet, Desèze, je vous salue! la France entière a admiré vos efforts et votre éloquence; nos cœurs ont partagé la vive sensibilité qui respiroit dans vos accens. Vos noms, toujours chers aux François, seront associés à celui de Louis; unis pour sa défense, vous saviez l'honorer et l'aimer. Vous avez donné la juste mesure de la magnanimité des vrais François; vos travaux, vos efforts, vos sentimens ont été impuissans! O mon Dieu! qu'à vos yeux nous étions coupables, puisqu'en frappant le héros, le Roi chrétien, le meilleur père, le sage si précieux sur la terre, si céleste par ses vertus, vous infligiez inexorablement à la France le plus rigoureux châtiment!

Et vous, digne Ministre des autels, qui avez si bien connu la force et la sagesse de Louis, redites-nous ici ses longs et pieux entretiens dans lesquels vous l'avez préparé au grand jour de l'éternité, et à paroître devant son Dieu! Révélez-nous ses dernières paroles à son peuple, paroles qui eussent été peut-être pour ce *peuple infortuné* la leçon la plus efficace, comme le legs le plus précieux; paroles qui peut-être l'eussent préservé de l'aveuglement terrible qui l'a précipité depuis dans l'abîme de l'irréligion et du malheur ; paroles enfin que l'impitoyable rage des bourreaux étouffa sous le bruit le plus déplorable !

Respectable dispensateur des mystères de Dieu (1), que de grandes pensées nous révèlent à tous votre présence, vos actions, vos adieux à Louis! Il est placé sous la hache régicide.... Je m'arrête.... Je sens mon cœur frémir, ma langue se glacer ! O mon dieu, soutenez-moi ! Votre ministre lui parle : Que vois-je ! bien différent de Saint-Ambroise qui pleuroit avec ses pénitens et gémissoit pour eux, il se prosterne respectueusement devant lui ; il se relève : *Allez*, ajoute-t-il, *allez fils de Saint-Louis, montez au Ciel !* Pontife de Rome, Eglise gallicane, Edgeworth est votre représentant, il est votre organe. Il s'est prosterné en votre nom devant le *second Saint-Louis* ; il a honoré le martyr. Ambassadeur de la Divinité (2), il lui a ouvert le Ciel, il l'a placé près de son pieux Aïeul dans les tabernacles éternels. Eglise sainte, ratifierez-vous cette sentence, et pourrons-

(1) I, cor. 4. — (2) II, cor. 4.

nous, d'après votre jugement, vénérer celui que la sagesse et la force, celui que toutes les vertus ont élevé à tant de grandeurs, je ne dis pas assez, à l'héroïsme de la charité. Ce Testament qu'il nous a laissé n'en est-il pas la preuve la plus convaincante et la plus authentique?

Qui jamais mieux que Louis aima ses ennemis, pardonna les outrages, et bénit ses persécuteurs? Saint-Etienne fut son modèle (1) : comme lui il pria pour ses bourreaux ; comme Saint-Etienne, Louis a reçu du Ciel une couronne impérissable, l'auréole de l'immortalité. Grand Roi! vous avez pardonné, vous avez voulu nous apprendre à pardonner. Mais vous avez prouvé à la France, et la France a ressenti la vérité de cette belle pensée d'un éloquent évêque de Marseille (Salvien) (2). « Dieu, dit-il, se
» charge de venger celui qui pardonne à son
» ennemi, et Dieu se venge au-delà même de
» ce qu'il pourroit le désirer; parce que seul il
» frappe en Dieu et punit en Dieu ». Aussi, que de charbons ardens se sont amassés sur nos têtes (3)! De quels terribles châtimens le Seigneur ne nous a-t-il pas punis? Nous avons vu, ô honte!

(1) Act. 7. — (2) De Gubern. lib. 2. — (3) Rom. 12..

ô douleur! succomber les têtes les plus illustres; et votre auguste Compagne qui, par sa présence, eût adouci nos larmes, et Louis XVII, votre fils, ce rejeton d'une tige si chère, qui vécut et mourut Martyr; et Madame Elizabeth, cette sœur qui rivalisa de pureté et de pudeur, avec les Vierges saintes qui marchent dans le Ciel à côté de l'agneau (1), et dans ces derniers temps, un Prince sur lequel reposoit l'espérance d'une famille de héros.... Divin Sauveur, que votre sacrifice offert aujourd'hui sur vos autels soit propitiatoire pour ces grandes victimes. Si leurs larmes, si leurs souffrances, si leurs douleurs n'ont pu appaiser votre justice, que les mérites de votre sang, que votre Miséricorde les associent à votre gloire!

Vous avez pardonné, ô mon Roi! mais que de plaies ont affligé notre France depuis vingt-un ans! Que de troubles l'ont désolée! que d'ennemis au-dedans, au-dehors, l'ont accablée! Que de passions l'ont tourmentée! La Religion a vu ses autels renversés, ses temples profanés, ses ministres exilés: l'impiété a déifié l'aveugle raison; l'anarchie barbare a mul-

(1) Apoc. 3.

tiplié les échafauds pour immoler la science, la piété, la grandeur.... Vous avez pardonné; et la France a vu des générations entières disparoître, comme si le Ciel eût voulu la punir en renouvellant la face de cette terre (1). Héros de la charité, arrêtez le bras du Seigneur : cet effort est digne de votre cœur sublime !

Louis a pardonné; il a plus fait encore : ami de ses frères, *fratrum amator*, ami de son peuple, il a prié pour lui, il a prié pour cette ville, théâtre de sa mort (2), *pro populo et civitate istâ*; et le Seigneur vient d'exaucer ses prières. Le bras de Dieu est désarmé; ses châtimens ont cessé; la France est consolée. Elle a revu, reçu, embrassé avec des larmes de joie son véritable Roi, son auguste frère, ses fils et tous les Bourbons : elle a revu Madame, cette fille généreuse qui a épuisé la source des larmes. Elle n'a retrouvé parmi nous, elle ne verra plus que des François soumis et respectueux. Si elle a connu des coupables, elle n'aura plus, dans toute la France, a recevoir que les hommages les plus purs de nos cœurs.

Ministres du Dieu vivant, remontez aux

(1) Ps. 103. — (2) II, Mach.

saints autels; craignons de retarder la plus sainte des prières, l'oblation du sacrifice de Jésus-Christ. Offrez nos vœux, et pour les illustres victimes que nous pleurons, et pour l'expiation des péchés du peuple. Offrez nos prières pour le Roi que Dieu a replacé sur le trône de ses pères et pour la famille royale, et pour les Bourbons si dignes de notre amour. Puisse le Seigneur, fléchi par nos larmes, continuer à verser sur la France les bienfaits de sa miséricorde, faire refleurir, au milieu de nous, sa divine Religion, tutélaire de la société, et ferme appui des gouvernemens; ne former de tous les François qu'un cœur et qu'une âme; répandre sur eux les douceurs d'une paix heureuse et les délices du repos (1), afin que, fidèles aux leçons de la sagesse, et disciples de la charité sur la terre, nous puissions de ce séjour de pèlerinage, passer au bonheur de la gloire du royaume qu'il a promis à ceux qui l'aiment et le servent.

(1) Isaïe, 32.

FIN.

NOTE.

(*a*) C'est dans ce jour déplorable du 20 juin, que Louis XVI a donné une autre preuve de sa magnanimité, comme un de ses généreux défenseurs, un témoignage de son amour pour son Roi.

Un des brigands qui étoient montés dans ses appartemens, ose attenter aux jours de ce Monarque; il dirige contre lui la pique acérée dont il s'étoit armé. M. de Canolle, jeune encore, et sous l'habit de garde national, s'en apperçoit, s'élance sur le misérable, détourne le coup, le saisit au collet, le force de tomber aux genoux du Monarque, et à crier *Vive le Roi!* Tandis que M. de Canolle, aujourd'hui chevalier de S. Louis, défendoit ainsi le Roi, son père, qui avoit donné le premier exemple de son attachement à cette famille infortunée, défendoit ce Prince d'un autre côté, en même temps que son fils étoit blessé à la cuisse d'un coup de dard. Depuis ces désastres révolutionnaires, MM. de Canolle, père et fils, ont gémi quinze mois dans les fers. Le père a expié son attachement au Roi sur l'échafaud, tandis que son jeune fils étoit miraculeusement mis en liberté par le même tribunal, le même jour.

www.ingramcontent.com/pod-product-compliance
Lightning Source LLC
LaVergne TN
LVHW020052090426
835510LV00040B/1669